ESPÍO EN MI COMUNIDAD

Alicia Rodriguez
Traducción de Pablo de la Vega

EL RESTAURANTE
Un libro de Las Raíces de Crabtree

CRABTREE
Publishing Company
www.crabtreebooks.com

Apoyos de la escuela a los hogares para cuidadores y maestros

Este libro ayuda a los niños en su desarrollo al permitirles practicar la lectura. Abajo están algunas preguntas guía para ayudar al lector a fortalecer sus habilidades de comprensión. En rojo hay algunas opciones de respuesta.

Antes de leer:

• ¿De qué pienso que tratará este libro?
  - *Pienso que este libro es sobre lo que hay en un restaurante.*
  - *Pienso que este libro nos enseña qué es un restaurante.*
• ¿Qué quiero aprender sobre este tema?
  - *Quiero aprender quién trabaja en un restaurante.*
  - *Quiero aprender cómo es un restaurante.*

Durante la lectura:

• Me pregunto por qué...
  - *Me pregunto por qué las recepcionistas llevan a la gente a sus mesas.*
  - *Me pregunto por qué los ayudantes de camarero se llevan los platos sucios.*
• ¿Qué he aprendido hasta ahora?
  - *Aprendí que los meseros toman las órdenes.*
  - *Aprendí que los lavaplatos lavan los platos.*

Después de leer:

• ¿Qué detalles aprendí de este tema?
  - *Aprendí que en un restaurante hay muchos tipos de trabajos.*
  - *Aprendí que los chefs cocinan.*
• Lee el libro una vez más y busca las palabras del vocabulario.
  - *Veo la palabra **restaurante** en la página 3 y la palabra **mesero** en la página 7. Las demás palabras del vocabulario están en la página 14.*

Podemos comer en un **restaurante**.

La **recepcionista** nos lleva a nuestra mesa.

El **mesero** nos toma la orden.

La **chef** prepara nuestra comida.

Un **ayudante de camarero** se lleva los platos sucios.

El **lavaplatos**
lava los platos.

Cuando acabamos
la comida, pagamos.

Lista de palabras

Palabras de uso común

a	lava	podemos
comer	lleva	prepara
cuando	los	se
el	mesa	toma
en	nos	un
la	nuestra	

Palabras para conocer

ayudante de camarero

chef

lavaplatos

mesero

recepcionista

restaurante

42 palabras

Podemos comer en un **restaurante**.

La **recepcionista** nos lleva a nuestra mesa.

El **mesero** nos toma la orden.

La **chef** prepara nuestra comida.

Un **ayudante de camarero** se lleva los platos sucios.

El **lavaplatos** lava los platos.

Cuando acabamos la comida, pagamos.

ESPÍO EN MI COMUNIDAD

Alicia Rodriguez
Traducción de
Pablo de la Vega

EL RESTAURANTE

Written by: Alicia Rodriguez

Designed by: Rhea Wallace

Series Development: James Earley

Proofreader: Janine Deschenes

Educational Consultant:

Marie Lemke M.Ed.

Translation to Spanish:

Pablo de la Vega

Spanish-language layout and

proofread: Base Tres

Print and production coordinator:

Katherine Berti

Photographs:
Shutterstock: Edvard Nalbantjan: cover (top left); Merla: cover (top right); gpointstudio: cover (bottom); Yakobchuk Viacheslav: P. 5, 14; zEdward_Indyn: p. 6, 14; Moneky Business Images: p. 9, 14; Paul Vasarhelyi: p. 10, 14; wavebreakmedia: p. 11, 14; Andrey Popov: p. 13

Library and Archives Canada Cataloguing in Publication

Title: El restaurante / Alicia Rodriguez ; traducción de Pablo de la Vega.
Other titles: Restaurant. Spanish
Names: Rodriguez, Alicia (Children's author), author. | Vega, Pablo de la, translator.
Description: Series statement: Espío en mi comunidad | Translation of: Restaurant. | "Un libro de las raíces de Crabtree". | Text in Spanish.
Identifiers: Canadiana (print) 20210247983 |
    Canadiana (ebook) 20210247991 |
    ISBN 9781039615663 (hardcover) |
    ISBN 9781039615724 (softcover) |
    ISBN 9781039615786 (HTML) |
    ISBN 9781039615847 (EPUB) |
    ISBN 9781039615908 (read-along ebook)
Subjects: LCSH: Restaurants—Juvenile literature.
Classification: LCC TX945 .R7318 2022 | DDC j647.95—dc23

Library of Congress Cataloging-in-Publication Data

Names: Rodriguez, Alicia (Children's author), author. | Vega, Pablo de la, translator.
Title: El restaurante / Alicia Rodriguez ; traducción de Pablo de la Vega.
Other titles: Restaurant. Spanish
Description: New York, NY : Crabtree Publishing Company, [2022] | Series: Un libro de las raíces de crabtree. Espío en mi comunidad | Translation of: Restaurant.
Identifiers: LCCN 2021028431 (print) |
    LCCN 2021028432 (ebook) |
    ISBN 9781039615663 (hardcover) |
    ISBN 9781039615724 (paperback) |
    ISBN 9781039615786 (ebook) |
    ISBN 9781039615847 (epub) |
    ISBN 9781039615908
Subjects: LCSH: Restaurants--Juvenile literature. | Restaurants--Employees--Juvenile literature. | Dinners and dining--Juvenile literature.
Classification: LCC TX945 .R6348518 2022 (print) | LCC TX945 (ebook) | DDC 647.95--dc23

Crabtree Publishing Company

www.crabtreebooks.com   1-800-387-7650

Printed in the U.S.A./092021/CG20210616

Published in the United States
Crabtree Publishing
347 Fifth Avenue, Suite 1402-145
New York, NY, 10016

Published in Canada
Crabtree Publishing
616 Welland Ave.
St. Catharines, Ontario L2M 5V6